AF500343

LA MER INTÉRIEURE

DU SAHARA

PAR

M. H. CHOTARD

Doyen de la Faculté des lettres de Clermont

CLERMONT-FERRAND

TYPOGRAPHIE ET LITHOGRAPHIE G. MONT-LOUIS

Rue Barbançon, 2

1879

LA MER INTÉRIEURE

DU SAHARA

PAR

M. H. CHOTARD

Doyen de la Faculté des lettres de Clermont

CLERMONT-FERRAND

TYPOGRAPHIE ET LITHOGRAPHIE G. MONT-LOUIS

Rue Barbançon, 2

1879

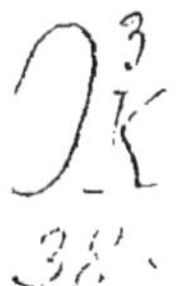

LA MER INTÉRIEURE

DU SAHARA

Personne n'a oublié l'étonnement mêlé d'admiration qui s'est produit en France, dans toute l'Europe, pour ne pas dire plus, quand la nouvelle s'est répandue qu'il était possible de créer au sud de notre colonie d'Algérie, en plein désert du Sahara, une mer intérieure, une vraie mer d'une étendue et d'une profondeur considérables. C'est l'auteur même du projet qui l'annonçait, il l'appuyait de raisons et de preuves qu'il déclarait certaines ; il entrait même dans les détails de l'exécution, et il avançait qu'une somme d'argent relativement modique suffirait à l'accomplissement. Il y eut comme une traînée de poudre et l'enthousiasme éclata ; on voyait sous l'influence bienfaisante de ces eaux empruntées à la Méditerranée l'aspect du pays changer comme par enchantement : les sables devenaient des terres fertiles qui se couvraient de bois, de prairies, de moissons ; les rares villages étaient remplacés par des villes nombreuses et bien peuplées où se développaient l'industrie et le commerce, et devant lesquels nos vaisseaux arrivaient à pleines voiles ou à toute vapeur ; et l'on disait qu'un jeune officier de notre armée, par une heureuse inspiration, avait fait cette découverte. En effet, M. Roudaire, capitaine d'état-major, chargé des travaux de nivellement dans le sud de notre province de Constantine, avait été frappé d'une dépression soudaine du sol ; en se prolongeant dans la régence de Tunis, cette dépression se rapprochait du golfe de Gabès et de la Méditerranée ; elle n'en est séparée que par un isthme. Cet isthme, pensait M. Roudaire, n'a pas toujours existé ; la mer a occupé ces bas-fonds : les lacs salés ou chotts qui s'y trouvent en sont les restes. Pourquoi dès lors ne pas la faire revenir, la faire rentrer dans son ancien lit ? Pourquoi ne pas enlever l'obstacle qui l'arrête et lui rendre le domaine qu'elle a perdu ? Rien ne saurait être plus séduisant, et depuis que M. Roudaire a émis sa pensée, les meilleurs esprits s'en sont épris ; l'Institut l'a examinée ; tous les savants l'ont comme tournée et retournée, l'Etat lui-même l'a recommandée, et chaque année les Chambres ont voté des subsides pour la continuation des études. La Méditerranée entrant dans le Sahara, quel triomphe sur la nature ! quel évènement à proclamer dans le monde !

Hâtons-nous toutefois de dire qu'il ne s'agit pas du grand Sahara, de cet immense désert qui s'étend de l'Océan atlantique à l'Égypte. Les hommes ont cru pendant longtemps que ce désert était un fond de mer, mais les savants voyageurs qui l'ont parcouru ont détruit cette opinion, ils ont reconnu qu'il était non-seulement plus élevé que la mer, mais qu'il renfermait plusieurs chaînes de montagnes dont quelques sommets atteignent et dépassent 2,000 mètres ; ils ont découvert les lits de rivières desséchées et les ont suivis ; ce désert a été autrefois fertile ; par quelles causes, par quelles révolutions est-il devenu infertile ? La science n'a pu le dire jusqu'à présent. Le Sahara de M. Roudaire n'est autre que le désert restreint qui avoisine notre Algérie et la Tunisie, désert qui est en partie notre conquête et par suite notre bien. Maintenant pourra-t-on faire entrer l'eau, et avec l'eau la fécondité ? L'entreprise est-elle possible ? et si elle l'est, présente-t-elle assez d'avantages pour qu'on l'accomplisse ? C'est ce que nous nous proposons d'examiner et d'autant plus volontiers que la publication de récents travaux accomplis par M. Roudaire ravivent un intérêt qui s'était à peine affaibli.

La côte septentrionale ou méditerranéenne de l'Afrique est séparée en deux parties par le golfe de Gabès, l'ancienne Petite Syrte; d'un côté se trouve l'Egypte et la régence de Tripoli, de l'autre la Tunisie, notre Colonie algérienne et l'empire du Maroc. Au golfe de Gabès, sur le 34° de latitude nord, la côte se relève au nord jusqu'au Cap-Bon, puis elle s'étend jusqu'au détroit de Gibraltar, en inclinant vers le sud d'un à deux degrés, sans présenter ni grands enfoncements, ni grands avancements, ni golfes, ni caps importants. C'est toujours la même côte africaine, à l'ouest comme à l'est de Gabès, la même côte sans refuge, sans abri complètement sûr, le *littus importuosum* des Romains. A l'intérieur toutefois, quelle différence! nous ne rencontrons plus les plaines sablonneuses et basses de la vallée du Nil et de la Tripolitaine, mais une région montagneuse; là, s'élève et règne l'Atlas, cette montagne qui avait tant frappé les Grecs, qu'ils en avaient fait la colonne et comme le soutien du ciel.

L'Atlas, si on le considère de la mer, monte par gradins, par étages, et s'éloignant du rivage, dessine trois lignes qu'on peut dire parallèles, d'inégale hauteur et d'inégale étendue. La première, le petit Atlas, s'étend de l'embouchure de l'Oued-Sahel jusqu'à l'embouchure du Chélif; sans être très-haut, il est très-pittoresque, et sa fertilité l'a rendu célèbre; c'est le Sahel, le littoral de notre province d'Afrique. La seconde, le moyen Atlas, s'étend de l'embouchure de la Medjerdah, l'ancien Bagradas en Tunisie, au détroit de Gibraltar; il est très-élevé : sur quelques points même, il atteint 3,000 mètres, et il présente une hauteur constante de 1,500 mètres en moyenne; le versant septentrional est également très-fertile, et il forme, avec le petit Atlas et le rivage appelé Sahel, le fameux Tell algérien, la terre par excellence, féconde et inépuisable, *tellus*, suivant l'expression des Latins. La troisième ligne, le grand Atlas, part du Cap-Bon et se termine au sud du Maroc, à la limite du grand Sahara, au point où l'Oued-Dran se jette dans l'Atlantique ; plus élevé que le moyen Atlas, d'une hauteur moyenne de 2,000 mètres, il en est séparé par de hauts plateaux, mal pourvus d'eau, bien que de nombreux lacs ou chotts s'y rencontrent, couverts de landes, inaccessibles à la culture et propres seulement au parcours ; le seul produit utile est l'*alfa*, cette herbe vigoureuse que l'industrie transforme en crin végétal. Au sud du grand Atlas, le terrain s'abaisse brusquement ; la dépression même est telle qu'en plusieurs endroits elle descend au niveau de la mer et même au-dessous de ce niveau ; elle forme un désert avec des fonds de lacs desséchés et quelques oasis qui sont toute la fertilité de ces sables. Dans ces oasis les eaux sont assez abondantes, eaux souterraines que l'on n'atteint qu'en creusant des puits. Ce désert qui porte successivement les noms de Sahara Marocain, Algérien et Tunisien, est séparé du grand Sahara par une série de collines sablonneuses qui courent du golfe de Gabès à l'Océan Atlantique, sur les bords duquel elles rejoignent le grand Atlas : ce sont les collines du Beled-el-Djérid, du pays des dattes, car les dattiers sont la seule production vivace de cet étrange pays. Ainsi, comme l'a remarqué le colonel Carette dans son étude sur l'Algérie, « le pays présente l'aspect de deux larges sillons qui le traversent de l'est à l'ouest dans toute sa longueur ; les lignes de l'Atlas forment les parties saillantes, la zone des landes et celles des oasis forment les parties creuses. » Le sillon des oasis devrait être appelé dans la partie orientale le sillon des lacs ; ces lacs sans eau, *chotts* ou *sebkhas*, pour leur donner leurs vrais noms, doivent fixer notre attention : c'est là que M. Roudaire voit les restes d'une mer qui a disparu dans le cours des siècles, et il cherche à la rétablir entre le grand Atlas et l'Atlas saharien, ou Beled-el-Djérid.

Nous ne rappellerons pas tous les noms que porte d'une mer à l'autre le grand Atlas ; nous ne le prendrons que là où il nous importe en ce moment de le connaître, dans la province de Constantine et dans la régence de Tunis, où il forme le Djebel-Sahari, le Djebel-Aurès, le Djebel-Tebessa, le Djebel-Safsaf et Tunisien. Il présente des pics, quelques forêts, et il est habité par les Kabyles dont le teint blanc et les yeux bleus attestent l'origine arienne ; ces Kabyles sont sédentaires et se plaisent à la culture du sol. Quant au Beled-el-Djérid, il est composé de monticules de sable, dont la hauteur varie entre 50 et 100 mètres ; quelques roches percent toutefois ces sables et dessinent quelques arêtes fermes et rugueuses ; à peine y vient-il quelques arbres. Les Arabes qui l'habitent sont bronzés, ils ont les cheveux et les yeux noirs, ils sont nomades et vivent de la culture des dattiers et du produit de leurs troupeaux. Ils sont certainement Hamites, de là leur constante hostilité avec les Kabyles. Quand l'invasion les porta à l'ouest de l'Afrique, ils coupèrent en deux, pour ainsi dire, la population qu'ils rencontrèrent, rejetant au nord les Kabyles dans les montagnes et au sud les Touarregs dans le désert ; entre les Kabyles et les Touarregs, les traits de famille sont certains, bien que les tronçons épars n'aient pu se réunir.

Entre les deux montagnes, dans la dépression, la plaine sablonneuse offre partout le même caractère ; sauf dans les oasis qui en sont la vraie fortune, il n'existe que des bois maigres, de vrais maquis dont celui de Saada ne dépasse pas la hauteur d'un mètre. Au printemps pousse une herbe courte que les troupeaux se pressent de dévorer, autrement le soleil la brûle. Les cours d'eau que l'hiver a formés se perdent dans les sables ; ils ne sont du reste que temporaires, et sans les nappes souterraines et les puits, où trouverait-on à se désaltérer dans cette triste région ?

Ces cours d'eau temporaires et d'un débit toujours inégal, ont deux directions : les uns vont au sud, vers le grand Sahara, les autres à l'est. En effet, sur le chemin entre Biskra et Tuggurt, se rencontre une ligne de collines, comme un dos de pays qui divise le sillon sablonneux. Cette ligne, très-découpée, loin d'être droite, est très-sinueuse, et du sud-est au nord-ouest présente de nombreux accidents : elle quitte le Beled-el-Djérid au 4° de longitude est et rencontre le grand

Atlas sur le méridien de Paris. Elle sert à bien limiter le pays qui nous intéresse et qui est ainsi compris entre le grand Atlas au nord, le Beled-el-Djérid au sud, la Méditerranée à l'est, et à l'ouest ce renflement sablonneux que nous venons de déterminer; représentons-nous une sorte de losange dont les côtés assez réguliers ont chacun à peu près une longueur de 800 kilomètres.

Là se trouvent les *chotts* ou *sebkhas*, bas-fonds vaseux qui ont rarement de l'eau, qui se couvrent de matières salines, et qu'il ne faut pas confondre avec les *dayas*, amas d'eau temporaires qui n'existent qu'après la saison des pluies.

Le voyageur qui quitte Biskra et prend la route du sud, passe à Saada et arrive à Chegga dans l'oasis de Ziban. A Chegga la route se bifurque: à l'est vers El-Ouad dans l'oasis de l'Oued-Souf et au sud-ouest, même au sud, vers Tuggurt. Les deux nouvelles routes contournent le grand *chott Melrir* dont la partie orientale prend le nom de *Sellem*.

Ce chott Melrir qui est comme au centre de notre province de Constantine, qui est traversé par le 4e degré de longitude est, est très-grand; il a été mesuré à plusieurs reprises, on lui avait donné tout d'abord 3,600 kilomètres carrés d'étendue; et après un relevé plus exact de ses bords, la mesure a été portée à 6,000 kilomètres carrés. On entre avec lui dans la région dite des Chotts, de ces bas-fonds qui n'ont un peu d'eau que pendant un très-court moment de l'année; elle se prolonge à l'est; en effet, en se dirigeant vers la Méditerranée, on rencontre d'abord les petits chotts d'*Alendoa* et de *Hadjila*; puis aux frontières mêmes de notre Algérie, moitié dans la province de Constantine, moitié dans la Tunisie, le chott *Grarnis* qui est considérable, sans l'être autant que le Melrir, et enfin, en Tunisie, le chott *Kebir* qui dépasse tous les précédents et qui a environ 200 k. de long, sur 80 de large. Et ce ne sont pas les seuls; il existe en maint endroit des enfoncements qui présentent les mêmes caractères et tendent, tant ils sont parfois rapprochés, à donner à tous ces sables le même aspect; au nord-est, le *lac Tunisien* ne diffère des précédents que par ses eaux plus abondantes. Les chotts ne reçoivent que des cours d'eau rares et de peu de longueur; faisons toutefois encore une exception pour le Melrir qui a deux affluents dignes de remarque : l'un vient du sud, des environs de Tuggurt, et l'autre de l'ouest, du Djebel-Amour. Ce dernier est l'Oued-Djedi qui passe à Laghouat.

Tous ces bas-fonds, quand ils sont à sec, se ressemblent; ils se couvrent de sel de magnésie, qui de loin produit l'effet d'une gelée blanche sur un terrain solide. On peut les traverser, mais dès qu'on y pénètre, on perd promptement l'impression première, la chaleur y est épouvantable, le sol d'une blancheur éblouissante rend presque impossibles à soutenir les rayons du soleil en les réfléchissant ; tout miroite ; on se croirait sur une île mouvante, au milieu d'un lac, et les bords qui s'y reflètent donnent les effets de mirage les plus changeants et les plus trompeurs.

Le fond est assez solide, il ne faut pas toutefois marcher sans guide, car si l'on ne suit pas un chenal que connaissent seuls les indigènes, on s'expose à tomber dans des trous, d'où l'on ne se tire qu'avec peine et où l'on pourrait rester. M. Henri Duveyrier, qui était en 1875 chargé d'explorer le chott Melrir, l'atteste dans une lettre écrite le 7 janvier. Il parle de la longue portée de la vue sur la partie orientale du chott, sur le Sellem qui traverse justement la route de Chegga à El-Ouad : « Je m'en suis fait une idée, dit-il, par un fait dont j'ai été témoin avec le capitaine Parisot, pendant une excursion que nous fîmes le 3 janvier. Nous vîmes une caravane s'engager dans le Sellem à 9 heures 36 minutes. Elle suivait la route de l'oasis de Souf (où est El-Ouad), et elle mit 4 h. 16 m. pour arriver sur le rivage opposé où nous étions, l'attendant. Grâce à cette circonstance, je pus constater, par des visées à la boussole, que la route des caravanes décrit des sinuosités assez fortes au milieu des chotts. Ce chemin sinueux est imposé aux voyageurs par ce fait que le lit du chott est un terrain très-dangereux en dehors de la route qui suit une ligne solide. A droite et à gauche, on laisse des fondrières, des *borma* (marmites) de boue humide et molle avec un couvercle trompeur de croûte saline, dans lesquelles s'enfonceraient bêtes et gens. Nous eûmes la preuve de ce dire pendant l'excursion topographique du 3 janvier, car à un moment où nos chevaux enfonçaient jusqu'à mi-jambe et où nous changions de direction à cause de ce contre-temps, le cheval d'un spahis, étant sorti de la route, s'enfonça dans le sol trompeur jusqu'à la naissance des cuisses et nous eûmes la crainte de le perdre. »

Il existe bien des légendes de désastres qui se redisent de tente en tente dans les douars et qui se conservent dans des récits pittoresques ou des chants pleins de poésie. L'Arabe est poète naturellement, son imagination s'exalte vite, sa parole se colore et se plie aisément à la mesure des vers. Le Melrir est dangereux, mais le Kébir ne l'est-il pas davantage? n'a-t-il pas un jour englouti mille chameaux? « C'est un lieu étrange, raconte un Arabe, que cette Sebkha (nom que les indigènes donnent volontiers aux chotts); la nuit n'y a pas d'étoiles, elles se cachent derrière les montagnes; le vent souffle à rendre sourd de tous les côtés à la fois; afin de faire sortir le voyageur de son chemin, il lui jette le sable à la figure, et on ne peut ouvrir les yeux qu'en prenant les plus grandes précautions. »

Depuis longtemps la croyance était accréditée que les chotts étaient au-dessous du niveau de la mer : mais la preuve n'en avait pas été donnée. On ne devait pas tarder à l'avoir, puisque le gouvernement francais, après 1871, avait fait reprendre en Algérie tous ces grands travaux de triangulation, de relevés de terrains qui, accomplis en France, avaient permis d'exécuter cette belle carte à laquelle on peut sans doute adresser quelques critiques, et qui n'en demeure pas moins un étonnant travail, modèle et objet d'envie pour tous nos voisins. Deux capitaines d'état-major, MM. Roudaire et de Villars avaient été chargés de déterminer l'altitude de Biskra; ils portèrent au sud leurs investigations et, arrivé sur le Melrir, M. Roudaire fut mathématiquement conduit à déclarer qu'il était de 27 m.

au-dessous du niveau de la mer ; et comme il remarquait un abaissement vers l'est, il en vint à constater que la partie qui porte le nom de Sellem était même à 40 mètres au-dessous de la Méditerranée. Cette cote marquait le fond du bassin, car elle n'a pas été retrouvée dans les différents chotts qui à l'Orient sont reliés au Melrir.

Cette dépression du sol avait du reste été déjà scientifiquement signalée à la Société de géographie de Paris, le 9 mars 1845, par M. Virlet d'Aoust, ingénieur civil. Il citait à l'appui de son opinion une carte sans nom d'auteur faite pour l'histoire de l'antiquité, dans laquelle une île d'Hespérie occupe la place où s'élève aujourd'hui Biskra, et dans laquelle une mer occupe la place même du Sahara. Cette carte se trouve dans la collection Gosselin à la Bibliothèque nationale.

M. Roudaire voit aussi une mer remplissant les bas-fonds du Sahara ; il affirme qu'elle a existé et qu'on peut la refaire ; il n'y a qu'à couper l'isthme de 18 kilomètres qui sépare le Kébir du golfe de Gabès, et la Méditerranée arrive. Ainsi refaite, quels bienfaits nous apporte cette mer ! nous avons un port à 80 kilomètres de Biskra ; la soumission toujours incertaine de l'Oued-Rir et de l'Oued-Souf s'affermit ; rapprochés réellement de la France, les Touaregs n'évitent plus notre alliance, et forment comme un lien continu avec notre colonie du Sénégal. Quel vaste champ ouvert à l'imagination du savant officier !

Il a besoin de preuves toutefois ; il en demande à l'antiquité. Hérodote est pour lui ; ne dit-il pas au livre IV : « Quand Jason eut fait construire au pied du mont Pélion le navire Argo, et qu'il eût embarqué une hécatombe avec un trépied d'airain, il se mit en mer et doubla le Péloponèse dans le dessein d'aller à Delphes. Lorsqu'il fut arrivé vers le promontoire Malée, il s'éleva un vent du nord qui le jeta en Libye et il se trouva dans les bas-fonds du lac Tritonis, avant d'avoir découvert la terre. Ne sachant comment sortir de ce pas dangereux, on dit qu'un Triton lui apparut et lui demanda son trépied, lui promettant de lui montrer une route sûre et de le tirer de ce péril. Jason y ayant consenti, le Triton lui montra le moyen de sortir de ces bas-fonds ; il prit ensuite le trépied, le mit dans son propre temple, et s'asseyant dessus, il prédit à Jason et aux siens tout ce qui devait leur arriver. Il lui annonça aussi que lorsque le trépied aurait été enlevé par quelqu'un des descendants de ceux qui étaient dans le navire Argo, il était de toute nécessité que les Grecs eussent cent villes sur les bords du lac Tritonis. On ajoute que les Libyens, voisins du lac, ayant appris cette réponse de l'oracle, cachèrent le trépied. » Hérodote signale, outre ce lac Tritonis, un fleuve Triton, près duquel habitaient les Machlyes. Les Sebkhas ne sont-elles pas les restes du lac Tritonis, et l'Oued-Djeddi, n'est-il pas le Triton? Pindare a lui-même parlé de ce voyage des Argonautes; Scylax, dans son périple de la Méditerranée, note le grand golfe de Triton et les îles Bracchion et Cercina, probablement les îles Djerda et Kerkena d'aujourd'hui, et dans un lac Triton, l'île du même nom, que MM. Duveyrier et Guérin ont cru reconnaître dans la presqu'île Nifzaoua du Kébir. Pomponius Mela place au-delà de la Syrte un lac Triton qui reçoit, comme dans Hérodote, un fleuve Triton. Ce lac est aussi appelé Pallas, et Pomponius Mela assure que l'on a retrouvé sur les bords des arêtes de poisson, des coquillages, des ancres attachées à des rochers. Ptolémée dit qu'en Libye le Gir aboutit dans la gorge Garamantique ou lac des Tortues ; enfin Diodore cite une ville bâtie sur une chersonèse dans le lac Triton.

Toutes ces données saisissent l'esprit et portent à la réflexion. M. Roudaire en a tiré un grand parti, et d'autres avec lui. MM. Duveyrier et Guérin ne retrouvaient-ils pas tout à l'heure dans la presqu'île Nifzaoua l'île Triton de Scylax? et dans les îles Bracchion et Cercina, les îles Djerda et Kerkena? Le Gir de Ptolémée n'est-il pas l'Oued-Djeddi, ou peut-être l'Igharghar, ce grand lit de rivière desséché? La ville de Diodore, n'est-elle pas Touzeur, placé comme sur une chersonèse entre le Grarnis et le Kébir? Tout cela est vraiment bien séduisant, et il faut quelque courage pour se demander si toute cette géographie antique ne se rapporte pas simplement aux Syrtes, surtout à la petite, et dès lors au golfe de Gabès. Les anciens, privés de tout instrument nautique, ne se rendaient un compte exact ni des distances, ni de la configuration des mers et des terres. Il suffit, pour s'en convaincre, de jeter les yeux sur des cartes faites sur les indications de Ptolémée (1); pour y ajouter foi, il faudrait admettre que depuis le IIe siècle de notre ère, le monde a changé d'aspect, ce qui est impossible. Evidemment Hérodote et tous les autres écrivains ont, sous le nom du lac Triton, désigné le golfe de Gabès, qui n'est après tout qu'un bas-fond. Car aujourd'hui de petits navires, de 100 tonneaux par exemple, ne peuvent en atteindre l'extrémité ; ils s'arrêtent à l'île Kerkena, et des barques achèvent le voyage jusqu'à Gabès.

M. Roudaire ne raisonne pas toutefois seulement d'après les anciens; il a étudié le terrain avec soin. Il voit dans l'Oued-Akarcis, petit cours d'eau voisin de Gabès, la communication naturelle entre les bas-fonds et la mer. Il faut le suivre et couper l'isthme qui n'a, nous l'avons dit, qu'une largeur de 18 kilomètres et dont l'élévation très-faible varie de 5 à 15 m. Il est formé de sables que les vents ont apportés, qui se sont avec le temps amoncelés de manière à former une véritable digue. La mer intérieure a été séparée de la mer extérieure, et par suite de l'évaporation, les eaux de la mer devenues un lac que la Méditerranée n'entretenait plus, ont peu à peu diminué et enfin disparu. Un canal creusé dans l'isthme le ramènera. M. Roudaire expose ses idées avec un grand talent ; il a tout prévu ; le projet est complet, et dans la conception et pour l'exécution ; les dépenses qu'il a calculées ne sont pas considérables : douze millions lui suffisent.

(1) Même quand après Aristote, les anciens ont appliqué les mathématiques à la géographie, quand ils ont cherché à mesurer la Terre et à la diviser en degrés, faute d'instruments et de calcul, ils sont tombés dans d'étranges erreurs. On le sait pour Eratosthène et aussi pour Ptolémée qui a fait la Méditerranée un tiers plus longue qu'elle n'est réellement. Ce n'est pas le génie qui manquait, mais les serviteurs du génie que l'on a créés depuis, les vraies sciences de l'astronomie, de la géodésie, etc., etc.

Il a pour lui d'ailleurs des autorités considérables. M. Shaw, dans ses observations géodésiques sur le royaume de Tunis ; M. Guérin, dont nous avons déjà cité le nom, ancien élève de l'Ecole normale supérieure, qui s'est voué à la science archéologique et qui a fait de si fructueux voyages ; M. Bourguignat qui, remarquant l'abaissement subit du terrain au sud de l'Atlas, affirme qu'avant la percée du détroit de Gibraltar, la mer Méditerranée et l'Océan étaient réunis par une mer qui couvrait le Sahara ; M. Dubocq qui explique par le mouvement des vents et des eaux la formation de l'isthme de sable de Gabès et qui donne à la partie orientale du Melrir, au Sellem, une profondeur plus grande que celle qui a été reconnue depuis, 85 mètres au-dessous du niveau de l'Océan ; M. Coquard dont les travaux concordent avec ceux de M. Dubocq.

Il venait donc de toutes parts, de l'antiquité comme des temps modernes, des encouragements qui devaient saisir un esprit entreprenant et inventif ; les chefs du jeune officier entrèrent dans sa pensée, et le gouverneur de l'Algérie, le général Chanzy donna lui-même une précieuse approbation. Un autre nom devait naturellement se rencontrer dans ce concert de protection, celui d'un homme qui s'est illustré en Afrique et qui en même temps a illustré la France, M. de Lesseps, le créateur du canal de Suez. Après avoir fait de l'Afrique une île, réuni la Méditerranée et le golfe Arabique, rapproché, au profit de l'industrie et du commerce les Indes orientales de l'Europe, ce puissant mortel a fertilisé l'isthme si longtemps infertile ; l'eau douce qu'il a prise au Nil a partout sur son passage transformé les sables, et le travail de l'homme aidant, le désert a fui et a fait place à la verdure des prairies et des champs. Refouler le désert sur un autre point de l'Afrique, vaincre le Sahara à son tour, quoi de plus séduisant ! et M. Roudaire reçut de M. de Lesseps l'approbation la plus éclatante (1).

(1) M. de Lesseps qui a fait de l'Afrique une île, va faire de l'Amérique deux îles en coupant l'isthme de Panama. Les eaux de l'Atlantique et du Pacifique vont enfin se mêler au profit de l'industrie et du commerce des deux mondes.

Au milieu de cette faveur, le projet fut présenté à l'Académie des sciences ; il y fut bien accueilli ; mais il y fut scientifiquement examiné et discuté ; il y eut enfin un débat contradictoire. La mer avait-elle réellement occupé les bas-fonds du Sahara algérien et tunisien ? où était la preuve ? enfin, en admettant cette occupation, à quelle époque fallait-il la faire remonter ? à quelle époque, par la formation de l'isthme, avait-elle été séparée de la Méditerranée ? Un savant homme, professeur à l'École des mines, ancien ingénieur attaché à la régence de Tunis, M. Fuchs, a exécuté des sondages dans cet isthme, et qu'a-t-il trouvé ? un banc de roches et de roches tertiaires ; par conséquent, si la mer intérieure a existé, c'est dans un temps bien antérieur à l'homme qui n'a jamais navigué sur ses flots ; et dès lors sont rejetées toutes les interprétations trop hâtives des textes anciens qu'il faut ramener à leur vrai sens, à la simple désignation du golfe de Gabès. La nécessité de percer la roche augmente les difficultés du percement de cet isthme relativement étroit, qui a cependant 18 kilomètres ; et entre les différents chotts n'existe-t-il pas des élévations, des dos de pays qu'il faudrait niveler ? ne faudrait-il pas ramener toute la région à la même profondeur que le Sellem et creuser un large bassin de 40 mètres au-dessous du niveau des eaux méditerranéennes ? enfin puisque le golfe de Gabès n'est qu'un bas-fond, l'ancien lac Tritonis d'Hérodote, ne conviendrait-il pas d'établir un chenal, bien mieux, pour assurer la durée du passage, un véritable canal entre deux digues, et jusqu'à cette île de Kerkena qui est aujourd'hui le point d'arrêt des navires un peu forts ? car si des barques, des bateaux comme ceux de nos rivières pouvaient seuls pénétrer dans la mer Saharienne, à quoi bon la créer ? alors ce n'est plus douze millions qu'il faut dépenser, mais une somme bien plus forte, ainsi que l'a établi M. Fuchs, 250 à 300 millions : encore serait-ce assez ?

Les résultats répondraient-ils à une mise de fonds aussi considérable ? Un savant naturaliste, M. Pomel, l'a contesté. On détruirait une culture qui nourrit, sans les enrichir il est vrai,

7 ou 8,000 habitants ; on la remplacerait, mais dans quelle mesure ? avec quel succès ? Qui le sait ? Les oasis qui avoisinent les chotts ne seraient pas noyées, mais les lieux habités près des Sebkhas, que deviendraient-ils ? Nifzaoua, Sersin, Houdieh, Touzeur, Nefta, que deviendraient-ils ? à moins de restreindre la ville nouvelle aux trois grands bas-fonds réunis par des canaux, et vraiment alors il serait inutile de la créer, que deviendraient-ils ? Les grandes villes que l'on voit comme s'élever d'avance, le port de Biskra, d'autres, ils sont projetés ; mais quand seraient-ils créés ? Une fortune, petite, il est vrai, mais certaine, s'en va, et la grande fortune qui doit venir est incertaine. Combien de puits seraient inondés, qui atteignent sous les sables, même au fond des Sebkhas, une couche d'eau douce ! les puits des oasis seraient-ils préservés ? on l'affirme, en est-on sûr ? M. Pomel pense que la nappe d'eau serait gâtée, et quelle perte ! qui, si elle se produisait, réduirait au néant toutes les créations que l'on rêve. Un autre savant, M. Cosson, insiste fortement sur cette perte qu'il prédit. Après tout, les avantages seraient-ils irrécusables : ne faudrait-il pas encore se demander pour qui on travaillerait ? La moitié de cette mer se trouverait dans la Tunisie, qu'on devrait traverser pour atteindre le sol français ; l'entrée ne serait pas dans nos mains, mais dans celles des Turcs, ainsi que le canal du golfe ; ne voit-on pas quelles difficultés peuvent soudain surgir ? et dans ce temps où l'empire turc épuisé se brise pour ainsi dire en morceaux, peut-on prévoir en quelles mains se trouvera un jour l'Orient de la mer nouvelle, la partie tunisienne ? Il est noble sans doute de dépenser pour les autres son argent, même son sang, mais il importe de faire la dépense avec prévoyance et sagacité.

Plus désintéressés que les savants français, les savants italiens ont porté les mêmes jugements. A Paris, dans le Congrès international des sciences géographiques, dans la séance du 7 août 1875, le commandeur Cesare Correnti, rendant pleine justice à M. Roudaire, a reconnu sans doute que le projet n'était pas impossible, mais que l'exécution très-coûteuse serait d'un avantage douteux. Il exprimait ainsi l'opinion de la Société de géographie de Rome. Depuis lors, le baron Castelnuovo a fait les frais d'une expédition qu'il a confiée à un célèbre voyageur, au marquis Antinori qui a confirmé toutes les craintes d'insuccès.

Il n'y a pas lieu toutefois de cesser les investigations. M. Duveyrier a eu raison d'étudier, nous l'avons dit, toute la contrée ; nous lui devons des lettres très-instructives ; l'Assemblée nationale a bien fait de voter à deux reprises des crédits de 10,000 francs, et de porter de nouveau M. Roudaire sur son terrain d'exploration. La Chambre des députés et le Sénat ont à leur tour voté des subsides ; ils se sont honorés en protégeant une si noble entreprise. La mer Saharienne ne se fera peut-être jamais ; mais après de si savants voyages, nous connaîtrons mieux notre Algérie ; nous lui aurons, pour ainsi dire, arraché tous ses secrets et fait profiter la géographie, l'histoire, toutes les sciences, de tout ce qu'elle cache encore de curieux et d'intéressant.

M. Roudaire a eu une grande idée, et ce qu'elle peut avoir d'audacieux et même d'aventureux ajoute sans doute à la séduction qu'elle exerce.

Elle l'honore, comme il honore lui-même notre armée d'Afrique. Il est le digne compagnon de ces officiers de mérite qui ont si promptement et si complètement exploré les chaînes de l'Atlas, ses plateaux et ses pentes ; ils ont été partout, et il n'est pas une science, géodésie, géologie, botanique, anthropologie, qui ne leur doive de précieuses recherches et de précieuses conquêtes ; militaires sans doute tout d'abord, avant tout, ils se sont faits archéologues, minéralogistes, que sais-je ? enfin écrivains ; la main habituée à manier l'épée a su manier la plume ; et que de brillantes carrières ont commencé par les patientes études du savant ! Si j'osais rappeler un souvenir personnel, je dirais que dans mon cours de géographie à la Faculté des lettres de Clermont, traitant, il y a trois ans, de l'Algérie, j'avais pour auditeur, honneur dont j'ai senti le prix, le commandant en chef du

13e corps d'armée, je citais à l'appui de mes assertions des noms de lieutenants, de capitaines, de commandants, et le général disait à une personne qui était près de lui et qui me l'a répété : Celui-là est colonel, celui-ci général de brigade, cet autre général de division, ils n'avaient pas trompé l'augure de la science. Grâce à ces esprits d'élite, l'Algérie est devenue une terre française ; l'Afrique septentrionale nous connaissait depuis longtemps, et elle n'a pas désappris à nous accepter. Pour ne parler que de notre siècle, n'est-ce pas nous qui, par M. de Lesseps, avons dompté les sables de Suez ? qui, par M. Mariette-Bey, avons retrouvé la vieille Égypte avec ses monuments et ses légendes ? Nous savons agir autrement que par les armes, et nos plus beaux travaux n'ont coûté ni une goutte de sang, ni une larme.

///

www.ingramcontent.com/pod-product-compliance
Ingram Content Group UK Ltd.
Pitfield, Milton Keynes, MK11 3LW, UK
UKHW012307240726
13966UKWH00004B/1712

9 782012 869721